ひとりふたり‥　聞法ブックス 6

勇気をくれた子どもたち

祖父江文宏

法藏館

勇気をくれた子どもたち●目次

装　丁　谷中雄二
装　画　八戸さとこ
企画監修　田代俊孝

⚘子どもの虐待防止ネットワーク

僕がいる暁学園《あかつき》は、児童養護施設といいます。児童福祉法第四十一条に、どういう人たちを目当てにその施設が作られているかが書かれてます。四十一条に、〈保護者のいない児童〉、〈虐待《ぎゃくたい》を受けている児童〉、さらに〈その他、環境上養護を必要とする児童を養護し、あわせてその自立を支援するものとする〉とあります。

要するに保護者がいなくなったり虐待を受けていたり、育つにふさわしくない環境の中にいる小さい人を救出して、社会福祉の言葉でいえば〈保護〉して、その人たちを収容し、生活を共にしながら社会へ自立させていく。そういう目的のために作られた施設です。

昭和二十二年の児童福祉法制定以来、この〈虐待を受けている児童〉という目的を持つ、たったひとつの施設が児童養護施設です。厚生省が発表する、児童相談所であつかった虐待相談件数は、このところ常に、前年度の件数を超えています。

私どもの、「子供の虐待防止ネットワーク・あいち」は現在五百二十人の会員がいて、虐待を受けている小さい人たちの救出にあたっています。危機介入といって、命の危険にかかわる虐待を受けている人を、暴力を加えている大人から保護して、その人を施設に収容したり、病院等の医療機関に入れる、ということもやります。

必ずといっていいほど、大人の権利、いわゆる養育者の権利、親権と、小さい人たちの人権とがせめぎあう。親権というのは、子どもに対する支配権のように受け取られておりますので、当然、小さい人の権利、人権がそこでは細っていく。そのときに、その人たちの人権を回復させていくために、場合によっては児童相談所長を支援して家庭裁判所に申し立てをし、親権を停止させたり、親権を剥奪したりします。

「子供の虐待防止ネットワーク・あいち」は、通称キャプナといいます。Cは子供、チャイルドのC。Aは虐待、アビューズ。Pは防止、プレベンション。NAはネットワーク・あいち、この頭文字を取ってキャプナ（ＣＡＰＮＡ）といいます。キャプナでは児童相談所を助けて、家庭裁判所に提訴したり、場合によっては訴訟もやります。これまで愛知県での親権剝奪《はくだつ》の全部に私たちＣＡＰＮＡがかかわっています。児童福祉法施行以来、私たちが成功するまでは、親権剝奪は昭和三十二年に一件行なわれただけで、この法律はずっと眠っていたんです。それを私どもの五十四人の専属弁護士と共に、たて続けに何件か認めさせ、全国でもすでに珍しくなくなりました。

裁判では、さまざまな心の傷、からだの傷が争点になってきますので、当然、医療関係者が加わります。キャプナの会員には多くの医者もいて、年間千五百件を超える件数が集まってくる電話のホットラインを持っています。この電話のカウンセラーも現在では八十人います。この人たちは、おそらく日本の電話相談の中では最も厳しいカリキュラムによる一年半の研修期間の後、実際に電話を受けているところに配置されながら一人前になるのです。ＮＰＯ、非営利民間団体として法人格を取りました。

✦日本の社会福祉の限界

私たちのスタンスは、人間の救済は行政にのみ頼らない、ということです。行政主導の福祉は限界だ、と私たちは思っています。

社会福祉というものは、本来は人間の救済、つまり人が人として生きようとするときのさまざまな苦しみや悲しみ、それから痛み、そういうものからの救済の手立てであります。苦しみや悲しみが貧困という具体的な形で見え、貧困からの救出ということが社会福祉という概念を支えることになりましたし、貧困からの救出ですから物とお金をどう与えるかの問題で、それを公《おおやけ》の名において行います。

日本国憲法第二十五条に〔すべて国民は、健康で文化的な最低限度の生活を営む権利を有する〕と書かれています。〔文化的な最低限度の生活を営む権利を有する〕ということは、それを国が保障している。これがこの国の社会福祉のいちばん根幹にあるものと私は考えます。つまり、国が責任を持って健康で文化的な最低生活を保障する。これが日本の社会福祉の理念ですね。その理念が具体的なシステムとなり制度となって、現在の社会保障、社会福祉のシステムが生まれてきました。

具体的には、国が、物とお金を公平に分配する。物とお金の分配によって貧しさから救出するという形でずっと続いてきましたが、二つの問題から現在の社会福祉のあり方が大きく揺《ゆ》らいできた。ひとつは、生きるために必要な物とお金が公平に分配されているかということ。もうひとつは、物とお金の分配だけで本当に人間を救出する、救うことができるのかということです。

また、物とお金の量を決める要素は二つあります。国の社会福祉のためのバスケットの中に、国家による保障という形でお金が入っている。バスケットに入っているお金の額は、必要とする人に必要なだけというよりも、その年々の予算というバスケットの中のお金の量が、配分の金額を決めるわけです。

また、それを必要としている人に与える条件があります。必要な人の数が多くてバスケットの中のお金が少なければ、分配は少ない。バスケットに入れるお金を増やせばいいのだが、それは限界に来ているので、与える条件の方を厳しくしていく。生活保護法という最も貧しい人たちのための制度、生活保護の給付条件というのは、年々厳しくなっています。

給付の条件としてさまざまなことが加わってくるのです。今まではよかったことが、許されない。なぜかというと、〈健康で文化的な最低限度の生活を営む権利〉という憲法の条文の最低限度の生活というのは、不変のものとしてどこかにあるのではなく、いつも状況の中で生まれてくるからです。つまりそれは最低限度であると判断する人間にとっての最低限度の生活なんです。

たとえば、あるお年寄りの御夫婦の孫が高校に行っている。孫には両親がいないので、おじいちゃんおばあちゃんがお二人で孫の面倒を見ている。御夫婦は、生活保護で支給される生活費の中から孫が高校へ行くための貯金をしていた。しかし生活保護法で最低の生活というのは、何もないことです。日本中の人たちが皆貯金を持っているわけではない。貯金があるのは最低の生活ではないという言い方が、担当官によってはできるんですね。だからその貯金を使い果たすまでは生活保護による生活費の支給を停止する。

ボランティアと介護保険

日本では、与える者の論理が優先して社会福祉が行なわれている。日本の社会福祉のいちばんの根本にある問題は、パンだけ支給すれば人間は救われるか、ということです。「人はパンのみに生くるにあらず」こういう言葉がありますが、日本の社会福祉は、「人はパンのみで生きるんだ。だからパンのみ支給すればいいんだ」「お金と物の平等の分配を、国家の名においてするのが社会福祉である」と考えて、これまで歩んできました。

国家の名においてなされる福祉以外に福祉はないのでしょうか？　神戸の大震災以降、ボランティア活動が日本に少しずつ根づきつつあります。ボランティアに参加する人は、救けを求める人びとのために自分には何ができるかを問うて、自分にできることをしていこう、と考えています。それは代償を目当てとしません。

経済の概念からは離れたところで、人間の心の問題としてボランティアは成り立つのです。自分自身の生きる証《あか》しの問題なのです。私が生きている。私は、苦しんでいる人たちの支えとなれるのだろうか。また、ボランティア活動を通して、どんな生きがいを私は得ていくのだろうか。ボランティア活動とは人生の生き方の問題です。パンの問題ではありません、心の問題です。だからこそこれが現在の社会福祉、国家福祉を揺るがす一番大きな問題だと思います。つまりボランティアの精神は、物とお金の分配ということに対して、心の問題をつねに問いかけていくのです。物とお金の分配だけでは人は救えないんだ、ということが前提なんです。

しかし、行政側の考え方では、ボランティアは行政の下請けだというのです。国民体育大会のときに天皇が来るから、みんなで旗を持って万歳をやる、こんなことをボランティアといってきた。しかしこれからは、こういう行政主導の、「何々をやってください」「○△大会に何人動員してください」という形ではなくて、人生の生き方を問うていくような自主的なボランティアが、もっと必要になってくるのでしょう。

ところがこういうボランティアは日本の社会福祉の中には非常に入りにくい仕組みになっている。憲法で〈健康で文化的な最低限度の生活を営む権利〉を国家が保障する、福祉の担い手は国家である、と言った。しかもそれは国家だけの仕事だ、と。また、公の支配に属さない慈善、教育若しくは博愛の事業に対し、これを支出し、又はその利用に供してはならない、と憲法第八十九条にあるわけです。

つまり、国がすべての福祉をやる。それに対して宗教団体や個人の慈善活動及び福祉活動は禁止する。禁止しないまでも、そこで行なわれる社会福祉は認めない、社会福祉ではないのだから一円のお金も支給しない。やりたければ自分たちで金を作っておやりなさい、と言っているわけです。その根っこには、「人はパンだけで生きられる」という考え方があります。

本来、人間の苦悩や悲しみ、つらさや痛みからの救済は宗教の仕事だった。ところがその宗教の仕事である人間の救済を国家が代わって行なうということです。

たとえば、靖国神社国家護持が、真宗教団の中では長い間大きな問題として問われ続けてきました。あれは私たちの生き方や自由の上に国という権力を置いて、その国が神様を次々につくって靖国神社にまつる。それが私たちの意志とは関係なしになされているということによります。それとまったく同じように、私は社会福祉が国家の権力によって人間の救済をつかさどる「国家の宗教」にされているんだと思います。

介護保険に表われているように、すでに福祉のためのバスケットの中のお金は限界にきている。それなのにそのお金を支給されるべき人、必要としている人の数は圧倒的に多くなりつつある。ことに老人の問題を考えると、十年後には四人の勤労者でひとりの老人を支えることになり、さらには少子化の問題ともからんで二人でひとりを支えなければならない時代がくるだろうと言われています。

要は、バスケットの中のお金が無くなった。それから配分すべき人間の数が多くなった。だから、国の支給要件〔健康で文化的な最低限度の生活を営む権利〕の〔最低〕というそのスケールを動かしただけなのです。そして動かした分の足りなくなったところは自分の金で、利用者負担でいきなさい、と言っている。今までの国家による福祉が破綻したということです。それなら、救済という福祉の概念をサービスと変えて、今度はそれを物と同じように、商品として売り買いできるものとしていこう。

介護保険は、こういう発想で、それぞれがサービスを買うということが基本になってくる。するとこれはもう、人間救済という福祉の概念ではありません。もはや国家福祉ですらなくなった。これが今のこの時代に起きているいちばん重大なことだと思います。人はパンだけで生きられるのだろうか、という問題です。

シェイクンベイビー

暁学園には、さまざまな虐待を受けて来た人たちがいます。虐待とは「大人の暴力によって生きる力を奪われてきた人たち」という言い方をすることができます。アメリカでは一日に五人の割合で大人の暴力によって小さい人たちの命が奪われています。年間百六十万人もの小さい人たちが、大人の暴力に苦しんでいる。これはアメリカの虐待からの救出機関の公式発表です。衝撃的ではあるけれどもかなり実数に近いものです。日本にはその公式なデータがありません。虐待死という概念もなければ虐待という概念もまだ定着していないのです。

日本ではどれくらいあるか。私たちの調査では、百三十七件が一昨年一年間の数字です。この百三十七件というのは、全国の新聞紙面に事件として扱われた小さい人の死亡例から、大人の暴力によると判断されるものを拾ったものです。しかし、これは当然氷山の一角のそのまたほんの片隅に過ぎないと考えています。

たとえば司法解剖が行なわれた小さい人たちの死亡例、その中で明らかに大人の暴力と思えるものがどれほどあるのかの分析も推計もされていません。これは今、法医学のところでの事例を集めてもらっています。大変な数になるでしょう。

突然死症候群というのがあります。一般的にはゼロ歳児の死亡率の高い症状といわれます。この中に、シェイクンベビーといわれるものがあります。「振られる」、お酒のカクテルを作るときのシェイクです。氷とお酒をぶつけながらかき混ぜていく。頭蓋骨の内側に脳をぶつける。それによって脳が破損していく。小さい人をシェイカーのように揺さぶる。その結果、脳障害、硬膜下出血、脳出血、ついに死なせてしまう。そういう症状が多いと予想されています。

また、新生児の感染症が多い。人間は本来抗体を持って生まれてきて、出生後の一時期自分の体を慣らしながら免疫《めんえき》を作っていくのですが、その最初の抗体がすでに奪われて産まれてくる人たちがいる。お母さんのお腹の中で虐待がすでに始まっていると考えられます。そんな赤ちゃんは生きる力を奪われています。この生きる力を奪われるというのは虐待のすべてにいえます。新生児の頃、乳児の頃、あるいは胎児の頃に、その妊娠・出産が望まれたものであったか、望まれないものであったのかは、非常に大きな虐待の機縁になってきます。ですからお母さんの体内から産まれ落ちた時にすでにサバイバー、生き残った人という意味を持ちます。

その中から生きのびてきた人たちが、次のシェイクンベイビーの時代を経《へ》て、脳に障害を受けたりしてさまざまな後遺症に苦しんでいく。あるいはそれから後、まわりの大人たちの生活環境からくる不安が子どもへの心理的な抑圧として非常に強くなっていく。多くの場合、その親たちが育ってきた環境が左右してきます。虐待を受けて育った子ども時代を持つ親が、虐待をする親に変わる。

この世代間の暴力の連鎖《れんさ》はかなりの確率であります。暴力を受けた者が生き残っても、その生き残った者が次に生まれてくる人に、その命を奪うような行為をさらに繰り返す。現在暁学園には、五十人の定員のところに五十二人おりますが、七五%が被虐待症候群といわれるサバイバーたちです。

この被虐待症候群というのは、虐待を受けたために負ってしまったさまざまな症状です。一九六二年にアメリカのケンプという小児科医が発表しました。虐待を受けてしまうと、その人をただ救出して場所を移すだけでは問題は解決しない。その人の心の癒《いや》しを確実にしないかぎり、その人の生涯にわたって虐待で受けた心の傷からの救出は不可能だ、暴力の連鎖というものを断ち切ることも非常に難しい、というのがケンプの言い始めたことです。バタードボーイズシンドロームと言います。

殴《なぐ》られた少年や子どもたちには共通の症候群、症状がある。人間関係のなかで相手から暴力を引き出す可能性が非常に高い。解決に暴力を使ってしまう。その暴力を人に向けてばかりではなくて自分を傷つける方に向かうことも多い。自分がかつて受けてきた虐待を再現し、さらに自分を罰するように自分を傷つけていく。

当然、対人関係が非常にまずくなる。人との間に適切な距離を取ることができない。相手を自分の暴力的な生き方の中に巻き込んでいってしまう。そして、最終的には相手を傷つけてしまう。虐待を受けたことによる暴力性は、子ども時代に限らず成人したもの同士の間でもそれが起こります。

さらにそれが家族間の病理に進んでいく。それは児童の虐待、小さい人への虐待という形から、殴られる女性、妻。ドメスティック・バイオレンスという殴られる女性の問題に行く。さらにそれは高齢者の家庭介護においての、老人に向かっての暴力になっていく。閉鎖された家庭の中ではそういう家族間の暴力は非常に起こりやすい。その家庭特有の、暴力を家族間をつなぐ絆《きずな》とする家族関係が生まれます。なぜなら暴力を振るう者とその暴力に依存をしていく者という人間関係が生まれやすいからです。これが虐待を受けてきた人の共通の悩み、病理です。しかもそれは二代三代と受け継がれていく。

その中からそれでも生きてきた人たち、生き残ってきた人が暁学園にいる。現在も定員以上の人を抱えているのは、そのサバイバーたちの数の多さのためですね。数の多さと病理の複雑さに対応していくために、暁学園にはボランティアのドクターたちが入っています。精神科医、小児科医、それからクリニックで実際に臨床をやっている臨床心理士たちです。

虐待は身体的なもの、精神的なもの、それからネグレクトといわれる養育の義務の放棄。登校、通園をさせない、病気になっても医者に連れて行かない、食事を与えないという形です。それらとは別に、最も人間の根源に関わる感じがするものとして、セクシャルアビューズ、性的虐待があります。

世界中の動きを見ていると、虐待問題で最初に出てくるのは身体的なものです。これは目に見えやすい。なぐられている、アザを持っている、噛《か》みつかれている、首を絞《し》められた跡がある、蹴飛《けと》ばされた、脳障害を受けた、骨折した、さまざまの裂傷を負った、やけどを負った。

それから、それぞれの人が生まれてくる根拠を消されてしまうような暴言。「おまえなんか産むつもりはなかった」「妊娠したのが間違いだった」「産んだのが間違いだった」「てめえ、うっとおしい」「おまえはばかだ」などと言われることによって、精神的な虐待を受けてくる。

いずれにしろ虐待は、生まれてきた根拠を消します。お前は生まれてこなかった方がよかったというメッセージを受けるからです。自分を消さなきゃならなくなります。そしてネグレクト。小さい人は自分の力だけでは生きていけません。先に生まれた者には、必ず小さい人を受け止め、育て上げていく責任がある。ところがそういう責任を負う者がいない、つまり養護することができない。そういう環境に生まれた人たち、すでに見捨てられた形で生まれた人たちは、対人関係が非常にまずくなったり自分を傷つけていく、自分というものを尊いものに思えなくなる。

そういう人たちが起こしていくさまざまな他人への暴力、自分を傷つけるさまざまな暴力。ドラッグ、お酒、リストカット、過呼吸、拒食、過食＝いわゆる摂食障害、……そういう形で自分をさいなんでいく。そうやって自分が生まれた根拠を持ち得ないまま生きなければならなくなるのです。

児童養護施設の現状

そういう辛《つら》い思いをしてきた人たちが暁学園に来ます。その人たちを癒《いや》していくために、ボランティアのドクターたちと治療チームを組みながら、きちっとしたセラピ(治療)、とカウンセリングをして、その結果を日常の生活の中に下ろしていく。一緒に生活をしながらその事実と受けた傷をきっちりと見つめ合って、そこで初めて「自分がこんな不当な扱いを受けた」ということが言えるようになる。

親から、大人から受ける暴力を、みんな私が間違っているからと小さい人は取ります。つまり、私が間違っている、私は悪いと、今の「私」を消していく。それにたいして「私は尊いものである」と言い切っていく根拠を見つける。そのためには「私が受けてきたことは間違いだった」と外に向かってはっきり言い切ることが大事なことですね。「私」を確立していくということは、私に行なわれたさまざまな不当な扱いを「不当だ」「私が間違っていたのではない」と言い切る。そして「これまで耐えてきた私は素敵であった」と自分に言い聞かせる。また、人に向かってそのことを語り、人から「あなたは今のままでいいのだよ」のメッセージを受け取る。このことが、切り裂かれてずたずたになってきた心、虐待によって潰《つぶ》されてきた心を回復させて、自分が再び生きる根拠を見つけていくための、その治療の一環なんです。

こういうことを本気になってやっているところはまだまだないんです。児童福祉法でたったひとつ、児童養護施設は虐待を受ける児童を対象にすると言いながら、しかしそれは生活する場所を変えればそれで心の問題は解決するのだと言ってきた。バタードボーイズシンドローム、バタードチャイルドシンドローム、いわゆる虐待を受けた子どもたちの症候群という心の問題には、日本ではほとんど目が向けられていない。

被虐児にとってただひとつの受け皿である、養護施設という環境がまったくなってないんです。施設最低基準では未だに十五人で一部屋。十五人に一部屋で、心に傷を受けてきた人のプライバシーが守られ傷ついた心が癒されていくでしょうか。

一人当たり面積三・三平米。しかもこれからお風呂や廊下などのスペースが引かれていくのが現状ですから一人に畳半畳分しかない。ちなみに、特別養護老人ホームでは一〇・六七平米です。児童福祉と老人福祉ではそれだけの格差がある。さらに心の痛み、受けた心の傷を回復するための専門職員の配置なんかひとりもない。職員配置は一日に二十四時間分ない。養護施設は一日十八時間ということで一日が動いている。十八時間分の職員配置しかない。ひとりで児童を六人。一対六。この一対六とは職員配置のない夜間を除いた八時間を、ひとりの職員で六人を見るということです。養護施設は、最悪の施設として劣悪な社会福祉の条件を荷ない続けてきた。

今年七月に、生まれてから二度目ですが国会へ行ったんです。なぜ二度目かといったら、僕は六〇年安保の時国会へ行きました。その時は招待されて行ったのではなくて新聞には乱入と書かれました。「全学連乱入す」と。

今度は招待状をもらって随行員が付いて、入り口で守衛さんに胸にリボンつけてもらい、青少年特別委員会というところで意見陳述をしたんです。僕はそのときに言いました。「昭和二十二年、二十三年の児童福祉体制がそのままでありながら、児童虐待の問題はいま何とかしなきゃならないという。これまでを放っておいて、いま何とかして、それからどうするんですか?」ってね。

養護施設は児童虐待を受けてきた人たちのたったひとつの受け皿であるのに、その改善をこれまで政治は何一つしないできた。あのバブルの時代ですら施設最底基準では、児童養護施設の人たちの入浴は週一回と決められていた。ちなみに刑務所は週三回だったんです。〔食器等の洗浄〕つまりお茶碗や箸《はし》を洗うときは〔わら灰等をもって清潔を期すべし〕と、十年前まで書いてあった。それは政治家の責任であると同時に、その政治家を選んできた国民の責任だったと僕は言ったんです。

養護施設で生活する人たちは全国でわずか一万二千人です。ところが被虐児の数は増え、施設の定員が一杯でも新たな施設を作ることができない。お金がない、どこからも支援がない。暁学園の建物は、現在、借金コンクリートといいます。壁に張った石、あれは石が張ってありますと皆さんおっしゃいますが、違います、あれは意地が張ってあるんです。意地張り借金コンクリートという建物です。私たちは二億円近い借金を重ねて、初めて、高校生はひとり一室、自分でカギをかけられる部屋を作ったんです。養護施設の住環境もまたそれくらい見放されてきた。それは仕方がなかったと思うんです。なぜなら福祉をやるのは国だから。傍観者の国民は養護施設の貧しさ、経営の苦しさなど痛くもかゆくもない。

「死んじゃいけない」

ケイコさんは暁学園にやってきてもまだ生きづらい思いをしていた。性的なアビューズを受けてきたのです。それまで何回もＳＯＳを出していたのに、大人はダメですね、小さい人からのＳＯＳが受け取れない。

最初は性器に裂傷を受けて入院した。お医者さんは、連れていった父親から聞いた、お風呂場で転《ころ》んで化粧品のビンが刺さったと言うのを信用してカルテを作っている。傷は明らかに性的な行為で受けたものです。小学校三年から高校の二年生まで、誰にも言えなかった、言っても大人は誰も信用しなかった。そんなことはあるはずはないと言われた。虐待全体の件数の中での性的なアビューズの比率は決して少なくありません。日本では性的な虐待が少ないというのは嘘です。実の父親による性的なアビューズはそのうちの半分以上になります。

たまたま私が関わったのが深刻なケースばかりで、それに全力を傾けざるを得なくなった。それからそういうケースにいっぱい出会うんです。

セクシャルアビューズを受けてきた女性のその後の生き難さというのは、想像を絶します。最もつらい思いをして最もつらい瞬間の中で、自分というものを消さざるを得ない苦しみ。虐待を受けたことは私の間違いだった、自分のせいだったと子どもは受け取ります。そのことによって自分を消していく。虐待を無かったことにする。ということは、あったということです。その消し去ろうとしたつらい記憶がいつ甦《よみがえ》るかわからない。状況が変われば、光が変わり、場面が変わり、温度が変わり、音がし、その中でいつそれが甦ってくるかわからない。甦ったものが現実の生活の中の自分を呑《の》み込みます。これをフラッシュバックといいます。

呼び戻された記憶は現実の自分を呑み込み、パニックが起こります。性虐待に限らず、被虐体験を持つ人たちのその苦しみの中で、今度は目の前の子どもに暴力を向けてしまった結果として、虐待死というものが行なわれています。お母さんは、自分で止めようと思っても止められなくなる。それは当たり前なんです。人格が違っているのです。今の人格と違う、虐待を受けていた人格を見ている、生きているんです。法的に責任がとれない状況です。その人が自分の力で自分の意識で生きて行動しているという時間を超えてしまう出来事です。

ケイコさんが、ついこの間、フィアンセを連れてきました。僕は危惧《きぐ》しているんです。ケイコさんのお父さんはアルコホリック、アルコール依存症でした。お父さんがアルコールを飲んで暴れる。お母さんをかばうと娘の彼女が犯される。

弟もそばにいるんです。彼女がSOSを出して私どものところへ助けを求めてきた。

家族の関係から彼女を救い出そうとしたときに、今まで暴力を振るったことのなかった弟が、「お姉ちゃんだけ出て行くのはいかん、卑怯《ひきょう》だ、家族はいっしょでなきゃダメだ」と、姉を殴り、犯《おか》すということが起きた。父親を除外したところでさえまた、家族の病理がそのままの力学で作られていく。僕は、ケイコさんに「おい、彼、酒大丈夫か」って言ったら「うん、飲まないよ」って。僕は、まだ心配なんです。

アルコホリックの親を持ってしまった人は父親を嫌って、お酒を飲まない若者と一緒になるのだけれども、三年ほどすると見事にアルコホリックの夫をつくってしまうということがよく起きるんです。暴力を受けてきた人が暴力を知らない人を伴侶にしながら、いつの間にかその人に暴力を振るわせてしまう。

そういうことは高い確率であります。ですから暴力を受けたときにその人を救出して、その人の心をきちんとしとかないと再発してくる。虐待、暴力というのは最も再発しやすい病気です。病気だから治さなくちゃならない。

ケイコさんはこう言いました。「自分を傷つけることばっかりやりました」。そう、彼女はリストカットをやりました。彼女のリストカットは日常の中にちゃんと見えました。彼女を見ながら「あ、今日やるな」とか、「今日夜勤者だれ、あ、今日やるよ」とか、「今日は、僕がいるからやらないよ」と、ちゃんとわかるわけですね。

でもある時、本当に深く傷つけて血がブワーッと噴《ふ》き出しました。止血をしながら救急車を呼んで病院で縫《ぬ》ってもらった。帰ってきた彼女が僕に、「園長助《えんちょうすけ》、私死のうと思ったのよ」。「そうだよな、辛かったんだよな」。「うん、死のうと思った。死ねるって思った。でも手首を切ってドクッドクッと血が噴き出してくるとき私それ見てたら、死んじゃいけないって声がした。どっちが本当の私？」こう言ったんですね。

この「どっちが本当の私？」という彼女の問いかけに対して、そのときふっと思った言葉があります。それは「仏法をあるじとし、世間を客人とせよ」という言葉です。他でもない、蓮如《れんにょ》上人の言葉です。

国家による社会福祉は人間がパンだけで生きられるということが前提だと先に言いました。人はパンだけで生きられるのか。人はパンを必要とする世界と、パンでは満たされない二つの世界を持っていて、その二つの世界を生きているのではないか。二つの世界を自分という一つの人間の中に統合しながら生きているのではないか。

そうすると、思い通りに行かなくなり、辛くなり、死ぬという形で自分の救済をしようと思ったときに、「そうじゃないんだ。死んじゃいけないのだ。その苦しみを背負って生きていけ」とよびかける声が聞こえた、とケイコさんは言ったんだろうと思います。彼女のありさまを見ながら、彼女から言われたことは、実は「仏法をあるじとし、世間を客人とせよ」という蓮如上人の言葉としてすでに僕の中にあったんだ、と気づきました。

私たちの生き方を考えてみると、私たちは生き物から遠ざかることばっかりをやっている。これまで虐待というものを、その家族間の単なる暴力として捉《とら》え、暴力というものは理性を超えてあるものだから、人間は理性を持ってすれば暴力をコントロールすることができて、暴力を振るわないものになるだろう、と考えてきた。これが嘘だったと思っています。理知に頼れば頼るほど、人の関係は暴力的になる。虐待の場面を見ていくと「今のお前には納得いかない。今のお前は不足するものがある。その不足がある以上、今のお前を認めるわけにはいかない。だから俺の言うようにその不足を補《おぎな》え。できないことをできるようにしろ」と言っているわけです。

要は、人間が生きているということに対する限りなき注文です。その注文は理性からです。親鸞聖人が『歎異抄』で「善悪のふたつそうじてもて存知せざるなり」とおっしゃった、あの善悪って理知ですね。道徳の問題でなく理知の問題です。人間が生きていくということを理知に頼ったら、暴力が生まれてくる。

みんな、いいお母さんをやりたいんです。いいお母さんをやりたいってことは、いいお母さんを期待しているまわりがあるってことです。夫は妻に、いい母親を期待し、姑もいい嫁を期待する。その期待を一手に引き受けて子どもの虐待死を起こしてしまったお母さんたちの後ろ側には、いい母親を背負わせた男性が見えてこない。

もちろん父親が虐待する場合もありますが、乳幼児に対する虐待のほとんどは女性がやる。虐待死を起こした女性たちの後ろに男性の姿が見えてこない。見えるのは「忙しいから、育児はお前に任せたから」という言葉です。一人の女性に〈いい子を作ることを役目とするいい母親〉が背負わされたんです。

人間と人間の関係には、いつも相手の人に背負わせるものがあります。期待と言われるものでしょうが、それはどこからくるかといったら「今のお前には不足しているよ」ということです。虐待はいつもここで起きるんです。いい母親をやろうとした母親は、いい母親であるために虐待をやるんです。「今のお前では不足なんだよ」、そして「お前のために私はやっているんだ」と。だから愛情と言われるものが支配になります。「あなたは今のままでいいんだよ。あなたが生まれてきてくれて、私はあなたと出会った。今のままのあなたに私は出会えてよかったと思っているんだよ」とは言わないんですよ。

暴力は理知によって生まれる。暴力を止めるのが理知だなんてのは嘘ですよね。でも、私たちはそう信じてきた。二十世紀はまさに人間の欲望を理知と名付けて正当化し、理性という意志によって人間の欲望をコントロールし、支配しようとした時代だったのではないですか。そこで見失ったのは、人は生きものである、人は死すべきものだということです。つまり死すべきものというのは、死の問題を解決しない限り人生が見えてこないということですよね。

人が生まれた以上歳をとり、生まれた以上生きていかざるをえない、生きる以上病む。病むということがあれば当然死に向かっていく。死は、人間の欲望や意志を越えた事実としてある。そのことの了解がきちんとできるか。すべての悩みは、死すべき者としてあるというところから来るのだ、ということが自分の中に了解できていない。

だから苦しむんです。

つまりその苦しみは、パンだけでは解決できないということです。社会福祉が人間の根元からくる苦悩に何を以って答えるか。物の充足だけではなくて心の問題に答えられるか。人間の心はどういう時に救われるのか。どういうときに人は生きていてよかったと思えるのか。それは、あなたのことを心配しているよ、あなたの苦しみと共に歩むよ、そういう人に出会ったときですよね。福祉とは何だといったら、ここで初めて、パンから心の問題、人間の生き方の問題になってくるのでありましょう。

国家福祉の危険性

「人はパンのみにて生きるにあらず」と言い切ったときに、ケイコさんの言う「死んじゃいけない」という声がどういう世界から聞こえてくるのかということに、僕はこだわりたいんですね。

私たちは理知によって生きることによって、人間が生き物であるということを見失う。だから私たちは生き物であることから遠ざかっていくことばかりをやっている。それを文明だとか文化だという形で二十世紀は動いてきた。しかもそれを進めていけばいくほど、理知によるものですからいつもそれには規準がある。その規準はみんな漠然としている。その時代その時代に最も期待される人間、国家が必要とする人間の姿はころころ変わる。その規準はいつも動いていた。

前の戦争の時代に国民が――市民が消えて国民、というか臣民がいた時代――一人ひとりに課せられたものは、一つの基準にしたがって生きろということですよね。敗戦後でも僕はよくこう言われたんです、「これが、国の制度です」「国はこう考えます」。そのたびに役人に言ったんです、「一度、国を連れて来てくれ」「国が言うのだったら国連れて来てよ」「国と一緒にめし食おうやんか」って。

国はいないよね。あると思う人間にしかないわけでしょう。その国が作り出した基準というものは、ましてない。世間、社会って言うよね。そこの概念や理念などは、もともとは何もない。ないからあると思って作り出す。そしてその価値観で自分を見ようとする、価値観に合わせることによって自分を消す。虐待の一番恐ろしいところは自分が消えるというところですよ。

やっと就職が決まった、暁学園で一番年長のモックンがこう言うんです。「俺、小学校の三年生から自分を一生懸命に消してきた。消しゴムで消すみたいに自分を消してきた」って。虐待というのは、今の自分が今のままではいけないというメッセージを暴力的に受け取っていくということです。その暴力を生み出すものは、一つの基準を信じ込んだ強い人間によって、暴力的に注文をつけられることです。個人よりも国家が強い時代というのは、いつもこれをやられてきたんじゃないですか。ひとりの人間のよって立つべき場を、自由を、奪われてしまう。

国家福祉の中で一番の問題は、心の領域にまで国が踏み込んで来ているということです。そしてそのときに私たちがそれを容認してきたのは、国というものがあると思ったことでしょう。ありもしないスケールで自分を見ようとする、それは自分の根拠を消し去ることですよね。

「二つの世界に属するのだ」と僕はケイコさんから言われた。「生きていかなきゃだめなんだよ、死んじゃいけない」って声がしたという。僕はその言葉によって蓮如上人の「仏法をあるじとし、世間を客人とせよ」という言葉を思い浮かべ、その背景に仏国土というものを思った。

それは「パンだけではない世界」です。人が人であるということがきちっと立証できるのは、私が私であるということをきっちりと見つめていくことのできるのは、その仏国土に立つということ以外にはないのです。それは、生き物であることの再確認だと思います。

⚘死を遠ざけてきた時代

私たちは死というものを遠ざけてきました。医者たちが最近変わってきたのは、医学というものが病気や死の処理ではないということに気づいたからではないかと思います。二十世紀はさまざまな形でいのちを管理し、処理してきた。

私が妻を見送った時のことです。妻は、救急車の中で亡くなったのですが、手を握りながら病院の集中治療室に妻を送った。三十分ほどして医者が看護婦を従えて来て僕にこう言ったんですね。「お亡くなりになりました」。力は尽しましたけれども残念ながらお亡くなりになりました」。呆然《ぼうぜん》としていたら、医者は看護婦にちょっとあごで合図してそのまま消えました。残った看護婦が僕にこう言ったんです、「しばらくお待ちください。遺体を処理しますから」。僕はそのときに叫びそうになった。あ、これが病院だと思ったんです。妻が告知を受けたとき、「どうするんだいこれから?」

と言ったら、真っ先に「病院を出たい」、そして「当たり前の生活をして当たり前に死にたい」と言った。彼女の言った意味がようやくそのときにわかりました。そうなんだ、病院というのは病気と死というものを処理する場所だったんだ。

僕は「ぼけ老人を抱える家族の会」というのを仲間たちとやっています。子どもの虐待防止の電話とはもう一つ別に、いわゆるぼけ老人といわれる人を抱える家族の人たちの悩み、その人たちにどういう介護のサービスがあるのか、どういう手だてをとれば介護者の負担が少なくなるのか、そんな相談を受ける電話を開設しています。

そこから見えてくるのは、みんな、老いというもの、死というものと直面した悩みということです。直面した時にそれを解決しようとする。今をどうにか処理することで何かが生まれてくるだろう、片がつくだろう、そう捉えている。それは結局、自分が思い通りにいかないということの中で、思い通りにしていかなきゃならないと思い込んでいるところから生まれる悩みなのです。その悩みは、やがて暴力となり、虐待を生む。

虐待とは、相手に対しては限りない注文がつけられていくということです。みんな「あなたのためだ」って言うんです。あなたのためだと言って本当にあなたのためになるかというと、「ため」にはならない。「あなたのために」という言葉の裏側にあるのは支配です。

「あなたのために朝四時から起きて」ってお母さんは言う。「あなたのために、子どものために、朝四時から起きてパンプキンスープ作ってた」。くたびれるよね、これ。「私はいい母親になりたかったんだ」って、十一カ月の子を窒息死《ちっそくし》させてしまったお母さんが言いました。いい母親をやり続けてきました。離乳食に切りかえていくときには、〈四時間おきに離乳食を与える〉って雑誌に書かれていた。これは単なるスケールですよね。

だから彼女は本当に忠実に、四時間おきに起きて、離乳食を与え続けた。でも赤ちゃんは泣き止まない。彼女は発作的に、泣いている赤ちゃんの顔を枕で押さえつけた。窒息死です。そのお母さん、「私はいい母親やりたかったんだ。やり続けてきた。けど、この赤ちゃんが泣き止まないと私は眠れないと思った」って言いました。僕はそんなとき、「夜寝ちゃえよ」「手を抜けよ」って言います。

みんな頑張るんです。何に向かって頑張るのか、いい母親に向かって頑張るんです。暁学園の子が僕に言うんですね。「ねえ、園長助《えんちょうすけ》」「なあに？」「おじいちゃんやおばあちゃんって偉いんだよね？」「どうして？」「だってさ、おじいちゃんおばあちゃん、いろんなこと知っているんだよ。だから偉いんだよ」「そうか。じゃ、園長助《えんちょうすけ》、まだいろんなこと知らないから、おじいさんにはなれないな」と言ったら、「いいよ、園長助《えんちょうすけ》もうおじいちゃんだもん」って。これすごく嬉しかったですね、「いいよ、お前さんそのままで」って。

「人は死すべき者だよ」「病む者だよ」って。そして時間という枠《わく》の中でいうと、病むべき者死すべき者は、今から先にあるんじゃないですね。私たちはこうしたいという世界を生き始めると、時間の枠が変わってくる。人生をどういうふうに捉えるかといったら「生まれました、生きました、そしてやがて死が来ます」と、こういうふうになるんですよね。これを今このときと感じることができないだろうか。

一瞬の中に誕生ということも生きるということも死ぬということもワンパック、そういう世界、それが「かくある世界」ではないかしら。「こうする」ということを言い始めると、私たちはどうしても相手に注文せざるをえません。「こうする」ということを言い始めると、老病死、「こうできない」ものを遠ざける以外にない。遠ざけるための手だてとして、たとえば交通安全のおふだをぶら下げてみる。だけど、おふだをぶら下げたって交通事故は減らない。死からは逃げることができない。

ならば、人は死すべきものだという発想でもって、もういっぺんやっていったらどうなんだろうか。理知によってこうしようという世界、つまり老病死をずっと先のこととしていく、繋《つな》がりを支配的なものにしていくような暴力の世界から、こうであるという世界を受け止めて生きようとし始める。そのときから僕は社会福祉というものが始まるんだと思うんです。

光を受けている私

福祉という言葉は、ウェルフェアを訳して福祉としてきたんです。その概念には、今という基軸がある。過去のハンディやリスクに対して、今の時点から手当てをする。手当とお金の配分をする、それが基本の概念です。

福祉という言葉にはもうひとつ、ウェルビーイングというのがある。ウェルビーイング、これから先どう生きていくか、これは未来です。今を起点にしてこれから先の生き方を含んだ問題であるという捉え方です。これまで日本は現在から過去をふり返るウェルフェアという言葉を基軸にして過去の手当てをしてきた。しかしこれからは、今から先の時間枠に目を転換すべきだと思う。

ウェルビーイング、これから先私はどう生きるか、つまり私はかく生きたいという願い、自己実現にどう手助けをすることができるのか。だれが手助けをするのか。国家は手当てには向いているけれども、国家の名のもとに行なわれる物やお金の分配は、パンの分配であって、人がどう生きるかということにはほとんど無力である。そうするとパンで満たされる世界とパンでは満たされない世界の二つの世界を生きている人間には、「人間の関わり」が必要になる。最も具体的な人間の関わりとは、関わることで相手を傷付け支配し相手との繫がりを切っていく関わり方ではなくて、相手にあるがままでいいのだよと言えて、私自身があるがままで許されているということの受け止め、自覚がある世界、南無阿弥陀仏の世界が大切なんだろうと思うんですよ。

暁学園を出た、何人かの人が結婚して、赤ちゃんが生まれました。今年の学園祭には九人の赤ちゃんたちが、彼らがいう園長助《えんちょうすけ》の孫が集まってきた。その中にミオちゃんという、僕が名前を付けた女の子がいました。ミオちゃんが生まれてきたのは、妻が亡くなっていくときでしたから、まさに妻の死とオーバーラップしながら生まれてきた子です。ミオちゃんを抱きしめながら昔をまざまざと思い起こしました。

彼女が生まれたとき、父親になりたての青年が僕にこう言った。「園長助《えんちょうすけ》、女の子が生まれてきてくれました」。「生まれてきてくれました」というのはすごい表現だと思うんですね。「生まれてきました」と言うんじゃない。僕は、彼と二十年の付き合いをしているわけですから、彼がそう言うのはよくわかるんですね。

彼が小学校の頃に万引きをして、僕は、彼を連れて菓子折りと万引きしたその品物を持って謝《あやま》りに行った。謝って、菓子折りを置いて、お金を払って品物を買い取らせてもらって帰ってきた。帰り道に、学園の手前のところに踏切りがあります。僕は先に歩いていて彼は後ろからとぼとぼと付いてきた。

僕が踏切りを渡り終わったところでカンカンカンと後ろで遮断機が下り始めた。心配になって後ろを振り向いたら、すぐ後ろに彼がいたんですね。後に彼は、「あの時園長助《えんちょうすけ》、笑っていたよね」って言うんです。笑った覚《おぼ》えがまったくないんですが、僕の胸の中に彼は飛び込んできてそのまましゃくりあげてウォンウォン泣いた。僕はその肩を抱きながら何も言わなかったんです。そのときの小さな肩の感触が今も僕の中にあります。「生まれてきてくれました」と言ったときに、「そうだろ、あいつならそういう表現するだろう」って思った。

産まれたてのミオちゃんを抱っこしに、僕は彼女が生まれて四時間後に病院へ行った。母親は寝てんのかなあと、病室のドアをちょっと開けてのぞいたら、大きな声で「園長助《えんちょうすけ》、来てー」って叫《さけ》んだんです。中に入っていったら、「ねえ、園長助《えんちょうすけ》もう私イヤ」って言うんですね。「だって痛いもん、もう子ども産まない」って。一生懸命になだめましてね、「うちのかみさんてさ、君と同じこと言いながら年子で二人産んだよ」「すぐ忘れるよ」って。慰《なぐさ》めになったのかどうかようわからんけど。

それから産まれたての小さい人がいる新生児室に入っていった。僕も消毒されてから入って、抱っこしようと思ったら、看護婦が「はい、おじいちゃんに」って取り上げてくれた。とたんに僕は体中が硬直しちゃった。どうしていいかわからなくなった。力入れたらこの人を放り投げるかもしれないし、力を入れなければ落としてしまうかもしれないと思った。看護婦さんもドクターも笑いました。「園長助《えんちょうすけ》、お前プロじゃんか、お前何やってるんだよ」って。どうしていいかわからなくて、とにかく腕を曲げて出したら、看護婦さんが赤ちゃんをそーっと乗せてくれたんですね。

それまで自分の力をたよりにしてしか、ものごとを考えて生きてこなかった僕が、腕の中に小さな赤ちゃんをそっと置かれたとき、どきーっとしたんですよね。気が付いてみると僕の無骨な腕に身を添わせて、小さい人は抱っこされている。小さな柔らかなからだが僕の無骨な腕に抱かれてくれていた、と思ったら、本当に今までの僕の生き方がそのまんまこの人に受け止められているような感動を受けました。

目尻の横の窪《くぼ》んだところに小っちゃな涙が一つ付いていました。それを見て、またどうしたらいいかわからない感情がこみ上げて来ました。それは、歓喜《かんぎ》、と言っていいようなものです。この人の小さな涙が僕のために流されていると思ったんです。

生まれてきて四時間しか経っていないこの子が泣かなければならない理由は何にもない。自分のために泣く必要などない。学園の五十人の小さい人を背負って、社会の仕組みが、大人たちが、間違っていると言い続けて、そのことによって疲労を、努力がむくわれない虚しさを重ねてきました。それが、小さい人のところへ行って小さい人に癒されて、また自分の力を頼りにということを繰り返して齢《よわい》を重ねてきた僕を、生まれ立てのこの小さな人が一粒の涙で救ってくれる。この涙の大きさはまさに海に匹敵《ひってき》する、と僕はそのとき思いました。

そのすぐ後でしたが、宇宙飛行士が地球へ帰ってきました。報告のビデオの中で、宇宙飛行士が「ご覧なさい、地球だけが輝いてますよ」って語りかけているんです。

それを見て僕たちみんなは感動したんです。そうしたら、うちの小学校六年生の子が「どうして地球だけ輝くんだよ?」って。お日様の光はいろんなところに四方八方いっているじゃないか、と言うんですね。

飛行士は「ご覧なさい、地球だけが輝いてます。まわりは闇《やみ》です」って言った。お日様は地球だけに絞《しぼ》って地球だけに光を与えたのだろうか。しかし、お日様の光は四方八方にいってるのに、それが闇としか目に映《うつ》らないのはなぜなんだろう。それはさえぎる物がないからだ。つまり、さえぎる物として私というものがあったなら、私自身が光り輝くんだと、この小学生は言いたかったんです。「地球が光っているのは地球が光をさえぎっているからだ」とみんなでがやがや騒《さわ》ぎながら気づいたのです。

光を受けて輝いている私が私たちにわからないのは、光が闇だとしか受け取れていないからでしょう。それは、私自身が光のなかに在るということが、光を浴びて在るということがはっきりと自覚できないからですよね。自分の力を頼りに「かくする」

という闇としての世界を生きようとしているからですよね。「こうである」という世界をそのまま受け止めるということは、光としてあるいのちの繋がりの中で、今は私という限りあるものとして生きていることに気づくことです。あらゆる命に支えられて在る、光を受けてある私を誠実に生きる。私の「限りあるいのち」を誠実に生きよう。ケイコさんが「死んじゃいけない」って言ったのは、そのことなんでしょう。

そうすると、かく在るということの世界を受け止める基本は何かというと、私を超えて私は在るということですよね。つまり私を超えて在るということが見えてきたときに、自分と言っているものの不遜《ふそん》さが見える、謙虚になれるのです。謙虚になれるということは、私のありようが見えることによって、私にかけられている願いが見えてくるということです。ありもしないスケールを頼りにして生きるのではない。外側の評価から自分というものを見ていくんじゃない。今ここに、あるがまま在ってそのままでいい。否定はない。私が立っている世界は、ケイコさんの言う二つの世界でいえば「死んじゃいけない」と言ってくれた世界だ。それは、あらゆる外側のスケールから独立して自由である。自由であるということは独立者として立つということです。

ありもしないスケールから私自身が自由になって、その中で「お前はお前でいい」という声を聞く。それは「あなたはあなたでいいですよね」ということが言えることです。暴力という形を生み出してくる理知による人の支配、理知による人間関係の世界から、今のまま、あるがままでいいのだといういのちが支えあっている世界に身を委《ゆだ》ねる。そうなったときに初めて私の中にある仏性に気づく。自立を願う。そういう願いを持つものとしての私がある。その願いをかけられたものとして、私は仏に近づこうと願う、仏になろうと努力することです。仏道に生きるということです。

仏国土に立ち、ケイコさんの言葉でいうと「死んじゃいけない」といういのちの世界に立ち、自らを傷つけていこうとする社会にも生きる。その二つの世界を自己の中に統合して生きていく。そのいちばんの根っこ、エネルギーを生むところに、「仏になろうと努力すること」ということがあるんだと思うんです。「浄土真宗においては――他者の救済を第一義とする」ということだと思います。

「彼の国に至り已りて、六神通を得て」、つまり仏にまみえて再び十方界、この世界に帰ってきて、「苦の衆生を救摂せん」、苦しむ者の救い手になっていこうとする。私が救われた証《あか》しは、他者の救済に向かうということのほかはない。つまり、救われた者が救い手になる。

国家福祉という「国と福祉を必要としている人との間の個別の行き来」に止まるのではなくて、私自身が心救われた者の証しとして、苦しむ衆生の苦しみと共に生きようとする。「人はパンのみに生きるにあらず」、切り捨ててきた心の問題を解決していくには、浄土真宗、真実を宗とする、仏道を宗とすることが原点です。そのときに願われている私を誠実に生きる、福祉を生きる、他者の救済に向かって救い手になろうとする歩みが始まるのだと思います。

あとがき

私が間質性肺炎という病気になって、酸素ボンベにつながれるようになったのは、この本にまとまった講演を、真宗大谷派の専修学院でした翌年になります。

この講演を最初に活字に起こしてくれたのは、学院の若い人たちでした。

私が学院の講演に何度も出かけているのは、ここの人たちに話すのが好きだからですが、好きの中には、人生をたぐりよせて生きようとしている彼らに、わたしの人生をぶつけてみる楽しみがあります。

「おまえは真摯《しんし》に生きているか」そう問われる怖《こわ》さも、この楽しみのうちにあるのです。ありがとう。

本書のご縁をつくってくださった同朋大学の田代俊孝先生に、心から御礼申し上げます。法藏館編集部の池田顕雄さんには脱帽です。わたしのような死期に近い怠け者をして、ゴールまで走らせてくれた手綱さばきに感謝を捧《ささ》げます。

二〇〇一年　春を待ちながら

祖父江文宏

祖父江文宏（そぶえ　ふみひろ）
1940年名古屋市に生まれる。早稲田大学在学中より、演劇活動を続ける。徳風幼稚園保父。名古屋市障害児保育指導委員。（財）大谷保育協会常務理事、研究部長を経て、現在、創造集団「祖父江文宏とその仲間たち」主宰。養護施設暁学園園長。「子供の虐待防止ネットワーク・あいち」代表。
著書に『季節を動かすこどもたち』（法藏館）『子どもたちが観せてくれたこと』（東本願寺）など。絵本に『ててて』『よるになったらおやすみなさい』『いきてるってなあに』『おばあさんとうさぎたち』（東本願寺）など。

勇気をくれた子どもたち
ひとりふたり‥聞法ブックス 6

2001年4月8日　初版第1刷発行

著者——祖父江文宏
発行者——西村七兵衛
発行所——株式会社法藏館
京都市下京区正面通烏丸東入
電話：075-343-5656
振替：01070-3-2743

印刷・製本——厚徳社

乱丁・落丁本の場合はお取り替え致します
ISBN4-8318-2136-5　C0015